Analyse de l'œuvre

Par Monia Ouni et Margot Pépin

Les Liaisons dangereuses

de Pierre Choderlos de Laclos

lePetitLittéraire.fr

Rendez-vous sur lepetitlitteraire.fr et découvrez :

Plus de 1200 analyses
Claires et synthétiques
Téléchargeables en 30 secondes
À imprimer chez soi

PIERRE CHODERLOS DE LACLOS 1

LES LIAISONS DANGEREUSES 2

RÉSUMÉ 3

Première partie (lettres I-L)
Deuxième partie (lettres LI-LXXXVII)
Troisième partie (lettres LXXXVIII-CXXIV)
Quatrième partie (lettres CXXV-CLXXV)

ÉTUDE DES PERSONNAGES 8

La marquise de Merteuil
Le vicomte de Valmont
Cécile de Volanges
Mme de Tourvel
Danceny

CLÉS DE LECTURE 15

Un roman épistolaire
Un roman libertin
Des libertins amoureux

PISTES DE RÉFLEXION 23

POUR ALLER PLUS LOIN 26

PIERRE CHODERLOS DE LACLOS

MILITAIRE ET ÉCRIVAIN FRANÇAIS

- **Né en 1741 à Amiens (France)**
- **Décédé en 1803 à Tarente (Italie)**
- **Son œuvre :**
  - *Les Liaisons dangereuses* (1782), roman épistolaire

Né en 1741 et décédé en 1803, Pierre Ambroise Choderlos de Laclos se révèle tardivement comme l'un des écrivains phares du XVIIIe siècle. Vers l'âge de 40 ans, enlisé dans une carrière militaire insatisfaisante, il s'adonne à l'écriture. Une véritable ambition littéraire nait peu à peu dans son esprit : il décide d'écrire un roman qui « fît du bruit et qui retentît encore sur la terre » après sa mort (DETILLY A., *Mémoires*, Paris, Les marchands de nouveautés, 1828, p. 320).

Lors d'une permission de six mois, il achève *Les Liaisons dangereuses* (1782), son seul et unique chef-d'œuvre. Ce roman, s'il lui vaut l'opprobre pour les uns et l'admiration pour les autres, marque les esprits au-delà des attentes de son auteur. Homme raisonnable, époux fidèle et père attentionné, Laclos mène une vie sans histoire, très éloignée des mœurs dépravées de ses personnages.

LES LIAISONS DANGEREUSES

LES INTRIGUES AMOUREUSES
DE DEUX LIBERTINS SANS SCRUPULES

- **Genre :** roman épistolaire
- **Édition de référence :** *Les Liaisons dangereuses*, Paris, Le Livre de poche, 2002, 576 p.
- **1ʳᵉ édition :** 1782
- **Thématiques :** vice, vertu, libertinage, séduction, manipulation, lettres

Considéré aujourd'hui comme l'un des plus grands chefs-d'œuvre de la littérature française, *Les Liaisons dangereuses* s'est pourtant longtemps lu en cachette. Livrant au lecteur un recueil de lettres présentées comme authentiques par son « rédacteur » (p. 39) et préfacier fictif, le roman multiplie les points de vue de différents narrateurs qui racontent dans leur correspondance les évènements croisés de leurs existences du mois d'aout au mois de décembre 17**.

L'intrigue est dirigée par deux libertins qui vont, au gré de leurs désirs charnels et de leurs projets de vengeance, se jouer des différents protagonistes et causer leur perte. Roman libertin marqué par les mœurs débridées de ses personnages qui défient la société et outragent la vertu, l'ouvrage provoque, dès sa publication, un scandale qui lui vaut la condamnation de la censure jusqu'au XIXᵉ siècle.

RÉSUMÉ

PREMIÈRE PARTIE (LETTRES I-L)

Cécile de Volanges, jeune fille de bonne famille en âge d'être mariée, vient de sortir du couvent pour réintégrer son domicile à Paris. Promise par sa mère au comte de Gercourt, Cécile ne sait encore rien des projets que l'on a formulés pour elle.

La marquise de Merteuil, une parente de Mme de Volanges qui se présente à Cécile comme une amie, connait quant à elle l'identité du futur époux. Elle a en effet entretenu avec lui une liaison amoureuse et tient absolument à se venger de cet homme qui a osé la quitter pour une autre femme. Elle demande alors au vicomte de Valmont, ancien amant devenu son proche ami, de pervertir la jeune innocente afin d'humilier Gercourt. Mais Valmont décline l'offre de la marquise, trop occupé par la nouvelle mission qu'il s'est assignée. Il a en effet résolu de séduire la présidente de Tourvel, épouse fidèle et vertueuse dévote qui demeure comme lui à la campagne chez Mme de Rosemonde, la tante du libertin.

Mais la marquise trouve d'autres moyens de compromettre Cécile lorsque, recueillant les confidences de la jeune fille, elle apprend que celle-ci s'est éprise du chevalier Danceny, son jeune professeur de musique. Elle incite alors les deux adolescents à se déclarer leur amour et ménage pour eux des moments en tête-à-tête. S'amusant toutefois de l'audacieux projet de conquête du vicomte, elle promet à Valmont de passer une nuit en sa compagnie lorsqu'il sera parvenu à ses fins avec Mme de Tourvel.

Percevant certaines marques d'affection involontaires de la part de sa proie, ce dernier est sûr de son succès, malgré les lettres de réprimande qu'elle lui envoie. Mais ses plans se voient contrariés : sous les conseils de Mme de Volanges, la présidente lui demande de s'éloigner d'elle et de repartir pour Paris. Lorsque Valmont découvre que c'est Mme de Volanges qui a détruit sa réputation auprès de Mme de Tourvel, il décide de s'en venger en pervertissant sa fille. Le vicomte annonce donc à la marquise qu'il accepte finalement la mission qu'elle lui a proposée : il séduira et perdra Cécile de Volanges.

DEUXIÈME PARTIE (LETTRES LI-LXXXVII)

Tous deux à Paris, Valmont et de Merteuil ne se rencontrent pourtant pas. Toutefois, ils continuent d'échanger par lettres et d'échafauder leurs plans pour perdre Cécile de Volanges. Valmont se fait ainsi ami avec Danceny afin de recueillir ses confidences et la marquise met au courant Mme de Volange de l'amour qui unit sa fille à son professeur de musique. Séparés, les deux adolescents n'en sont que plus amoureux et s'en remettent aux conseils des deux libertins, auxquels ils accordent une confiance absolue.

Réussissant à convaincre Mme de Volanges d'envoyer sa fille à la campagne, Mme de Merteuil parvient à réunir Cécile et la présidente de Tourvel dans la résidence de Mme de Rosemonde. Ce procédé arrange beaucoup Valmont qui, de retour chez sa tante, pourra mener ses deux missions en parallèle. Par ailleurs, le vicomte met en garde Mme de Merteuil contre Prévan, un libertin qui s'est vanté en public de pouvoir obtenir ses faveurs. Trouvant ce séducteur à son gout, celle-ci s'arrange pour passer la nuit avec lui avant de faire passer pour un viol l'union qu'elle a elle-même orchestrée. La réputation de Prévan est ruinée et il est jeté en prison.

TROISIÈME PARTIE (LETTRES LXXXVIII-CXXIV)

Valmont est chargé par Danceny de prendre soin de Cécile et de s'occuper de leurs échanges épistolaires. Grâce à ce prétexte, il parvient à obtenir une clé de la chambre de la jeune fille.

Un soir, il s'y introduit et la contraint à passer la nuit avec lui. Cécile est choquée, mais elle est également charmée par le vicomte qui lui fait entrevoir de nouveaux plaisirs. Le lendemain, devant l'air de désolation qu'elle affiche, sa mère, qui met son trouble sur le compte de sa séparation d'avec Danceny, projette d'annuler le mariage prévu avec Gercourt et de donner la main de sa fille à Danceny. Mais Mme de Merteuil l'en dissuade. Elle persuade par ailleurs Cécile de poursuivre ses relations avec Valmont.

Entretemps, Valmont parvient à avoir raison des résistances de Mme de Tourvel, qui finit par lui avouer son amour, sans toutefois consentir à faire de lui son amant. Le vicomte se vante déjà de sa victoire auprès de la marquise de Merteuil, mais, peu de temps après, Mme de Tourvel quitte le château sans prévenir afin de fuir l'objet de ses désirs et sauver son mariage ainsi que son honneur.

Valmont est très en colère et élabore un nouveau stratagème : il décide de faire croire à sa conversion religieuse. Le vicomte demande alors à la présidente, par l'intermédiaire de son prêtre, de lui accorder un dernier entretien en prétextant qu'il veut lui rendre toutes ses lettres et récupérer les siennes.

Parallèlement à cela, il commence à entretenir une relation secrète avec Cécile (ils passent chaque nuit ensemble), tandis que la marquise de Merteuil jette son dévolu sur Danceny et en fait son amant.

QUATRIÈME PARTIE (LETTRES CXXV-CLXXV)

Valmont annonce fièrement à Mme de Merteuil qu'il a triomphé de Mme de Tourvel : il est parvenu à la posséder. Ayant accompli sa mission, il exige donc que Mme de Merteuil s'offre à lui comme elle le lui avait promis. Celle-ci, persuadée qu'il est tombé amoureux de Mme de Tourvel, se rit de lui et lui impose de délaisser d'abord sa présidente avant de réclamer son dû. Elle lui fait alors parvenir un modèle de lettre de rupture que Valmont envoie à Mme de Tourvel. La pauvre femme en perd la raison et Valmont, qui projetait de se réconcilier avec elle, ne peut plus se racheter.

Malgré cet acte destructeur, Mme de Merteuil refuse toujours de s'offrir au vicomte et les deux libertins se déclarent la guerre. Afin de se venger de la marquise, Valmont tente de persuader Danceny de la délaisser au nom de l'histoire d'amour qui le lie à Cécile. Apprenant ce fait, Mme de Merteuil révèle au jeune chevalier la liaison du vicomte et de sa bienaimée Cécile. Danceny, furieux, provoque alors Valmont en duel et le tue. Mais, dans une ultime revanche, Valmont, avant de rendre son dernier souffle, confie à Danceny toutes les lettres qu'il a reçues de Mme de Merteuil, lui révélant qu'elle est l'instigatrice de tous leurs malheurs.

Ce dernier rend publiques certaines lettres accablantes de la marquise et confie le reste de la correspondance des deux libertins à Mme de Rosemonde. Il quitte alors Paris pour se retirer à Malte.

Dans ses dernières lettres, Mme de Volanges raconte avec tristesse les suites de toute cette histoire. La présidente de Tourvel, apprenant la mort de son amant, a succombé de chagrin. Face à la mort de Valmont et aux révélations qui lui ont été faites sur le compte de sa confidente, Cécile a décidé de se faire religieuse. Prévan, jouet des plans de Mme de Merteuil, a été blanchi et réintroduit en société, tandis que la marquise a été publiquement déshonorée. Cette dernière, atteinte de la petite vérole, a de plus perdu un œil et s'est vue défigurée par la maladie. Ayant perdu un procès concernant l'héritage de son défunt mari, elle a été contrainte de s'exiler en Hollande.

ÉTUDE DES PERSONNAGES

LA MARQUISE DE MERTEUIL

Une secrète libertine

Veuve d'un époux décédé peu de temps après leur mariage, Mme de Merteuil est une dame de haut rang, admise et appréciée en société. Protégée par une réputation de femme vertueuse et amicale, la marquise mène en réalité une vie consacrée au libertinage.

Narcissique, perfide et cynique, elle méprise la vertu et prend plaisir à voir les autres souffrir. Elle maitrise tous les usages de la société mondaine, perce les comportements et les pensées des autres, et masque à la perfection ses propres sentiments. Véritable manipulatrice, elle a ainsi réussi à se faire admettre comme l'une des dames les plus respectables de son rang, tout en collectionnant secrètement les amants. Belle et cultivée, elle possède en effet un important pouvoir de séduction sur les hommes. Elle considère ceux-ci comme des objets de plaisir, mais également comme des menaces envers sa liberté personnelle, qu'elle veut à tout prix conserver.

La lettre LXXXI

Elle présente sa philosophie et raconte son parcours dans la célèbre lettre LXXXI (p. 242-254). Dès son plus jeune âge, éprise de liberté dans un monde où sa condition de femme la vouait « au silence et à l'inaction » (p. 246), elle a fait le choix de protéger la seule chose qui soit véritablement à elle : « [s]a pensée » (p. 247). Développant cet espace secret de liberté, elle s'est forgé un caractère indépendant, apprenant à dissimuler ses sentiments et ses jugements.

Elle a fait montre très jeune d'une curiosité vis-à-vis des choses de l'amour, renforcée par l'interdit et les non-dits qu'on entretenait autour d'elle. Lorsque son mari est décédé, elle a « senti [...] vivement le prix de la liberté qu'allait [lui] donner [s]on veuvage » (p. 249) : après avoir vécu, en tant que femme, sous l'autorité de ses parents puis sous celle de son mari, elle allait pouvoir enfin vivre pour elle-même et devenir maitre de son destin.

Un personnage central

C'est autour de la marquise de Merteuil que tourne toute l'action du roman. Elle se joue tour à tour de chacun des personnages pour parvenir à ses fins : son propre plaisir et ses vengeances personnelles. Désirant perdre Gercourt, son ancien amant, elle prend le destin de Cécile en mains, la rapprochant de Danceny et de Valmont.

Ce sont sa jalousie et son orgueil qui vont précipiter sa déchéance : elle déclare la guerre à Valmont, vexée à l'idée qu'il puisse lui préférer Mme de Tourvel. Cette décision la conduit à précipiter la chute de son ancien complice, mais aussi la sienne, puisque ce dernier se venge avant de mourir. À la fin du roman elle est punie de ses crimes : elle perd la réputation qu'elle s'était si précautionneusement construite et, irrémédiablement défigurée par une maladie sexuellement transmissible, s'exile en Hollande.

LE VICOMTE DE VALMONT

Le vicomte de Valmont est un libertin. Amant et complice de la marquise de Merteuil, il échafaude avec elle des projets de conquêtes amoureuses et partage sa vision cynique des rapports humains. Mme de Volanges le décrit de façon lucide comme « aimable et séduisant » (lettre IX, p. 65), mais surtout « faux et dangereux, [...] cruel et méchant » (*ibid.*), toujours motivé par quelque « projet malhonnête ou criminel » et « choisi[ssant] les femmes pour victimes » (*ibid.*). Éloquent et cultivé, il est admis par la bonne société en raison de son nom et de son pouvoir et ce, malgré sa réputation sulfureuse.

Sans foi ni loi, cruel, égoïste, manipulateur et orgueilleux, il vit pour satisfaire ses plaisirs et tire une jouissance de la souffrance des autres. Le libertinage est pour lui un jeu : il fait de la séduction un art et tire sa gloire autant de ses conquêtes que de l'ampleur du déshonneur dont il couvre ses victimes. Ainsi, c'est pour se venger de Mme de Volanges qu'il entreprend de faire l'éducation sexuelle de Cécile. On le voit par ailleurs dans le roman entretenir des liaisons avec des femmes mariées pour le plaisir de la conquête, mais aussi celui de l'humiliation des maris.

La présidente de Tourvel représente pour lui un défi de taille, « le plus grand projet [qu'il ait] jamais formé » (lettre IV, p. 53) : il entend venir à bout de « sa dévotion, son amour conjugal, ses principes austères » (*ibid.*). Il va user de toute sa patience pour vaincre ses résistances et ainsi parvenir à ses fins, après plusieurs mois d'efforts et de doutes.

C'est sa relation avec Mme de Tourvel qui fait de lui un personnage ambigu. Pris à son propre piège, il semble lui vouer un respect et une affection particulière, s'« étonn[ant] du charme inconnu qu'[il a] ressenti » (lettre CXXV, p. 391) après l'avoir possédée. Accusé par Mme de Merteuil d'en être tombé amoureux, il s'en défend et, dans une réaction d'orgueil, rompt brutalement avec sa conquête, sans doute à contrecœur. Cette faiblesse fait de lui le jouet de Mme de Merteuil à qui il déclare « la guerre » (lettre CLIII, p. 469) qui causera sa mort.

Juste avant de mourir, « il [se] montr[e]véritablement grand » (lettre CLXIII, p. 484), pardonne Danceny, qui vient de lui porter un coup mortel, lui témoignant du respect et l'appelant même « son ami » (*ibid.*), avant de lui confier sa correspondance, preuve accablante pour Mme de Merteuil.

On peut se demander si le personnage connait, avant de mourir, un instant de grâce vertueuse ou si sa dernière action n'est motivée que par un ultime désir de vengeance vis-à-vis de la marquise.

CÉCILE DE VOLANGES

Cécile de Volanges est une jeune fille de 15 ans « fort jolie » (lettre XCVI, p. 296), naïve et éprise de liberté. Elle fait son entrée dans le monde après une jeunesse passée au couvent. Fille de l'austère Mme de Volanges qui souhaite la marier au comte de Gercourt, elle tombe rapidement amoureuse du chevalier Danceny, son professeur de musique. Cet amour naissant la remplit de craintes qu'elle confie d'abord à Sophie, son amie du couvent, avant d'adopter

Mme de Merteuil comme confidente privilégiée. Sincère et très influençable, elle est la proie innocente de la marquise et du vicomte.

Les deux libertins lui présentent son mariage à venir comme un grand malheur, encouragent sa liaison avec Danceny, mais aussi ses rapports avec Valmont lui-même, qui fait son initiation aux plaisirs de la chair. Candide et peu familière des usages du monde, « la tendre Cécile » (lettre XLVI, p. 151), sous l'influence néfaste des deux libertins, va progressivement transgresser les règles qui ont fondé son éducation.

Ces derniers la considèrent comme leur « pupille » (lettre XCIX, p. 308) et, si Mme de Merteuil envisage un instant de la former pour être son« intrigante subalterne » (lettre CVI, p. 295), elle abandonne cette idée devant le manque d'esprit et de caractère de la jeune fille : la jeune Cécile est peu encline à faire le mal.

Si elle découvre avec une fascination mêlée de culpabilité le plaisir sexuel dans les bras de Valmont, elle n'en reste pas moins une victime innocente sincèrement éprise de Danceny. Elle se voit finalement forcée de renoncer à lui et de prendre le voile lorsqu'elle réalise qu'elle a été le jouet de Mme de Merteuil et que sa liaison avec Valmont n'a pas été sans conséquence.

Mme DE TOURVEL

Épouse fidèle et dévouée, « femme prude et dévote » (lettre VI, p. 59), Mme de Tourvel incarne les bonnes mœurs et la dignité. Pleine de bonté, d'empathie et d'honnêteté, elle est également « vraiment ravissante » (lettre VI, p. 58) et, si elle finit par tomber dans le piège de Valmont, elle n'a pas pour autant la naïveté des victimes habituelles de ce dernier. Elle résiste pendant des mois aux assauts répétés et savamment réfléchis du vicomte et lutte contre ses propres sentiments au nom des vertus auxquelles elle croit fermement. Sincère en amitié et en amour, lorsqu'elle succombe au vicomte, elle se livre entièrement à lui, jusqu'à sombrer dans la folie lorsqu'il la délaisse.

La présidente de Tourvel, figure de la vertu, est aux antipodes de la marquise de Merteuil. Objet des sarcasmes de cette dernière dans un premier temps, elle devient également sa rivale et sa victime lorsque Mme de Merteuil pousse Valmont à la quitter d'une manière particulièrement cynique (lettre CXLI, p. 388). Déçue et blessée, elle meurt d'amour à la fin du roman.

DANCENY

Si Mme de Tourvel est le double positif de Mme de Merteuil, Danceny est celui du vicomte de Valmont. Jeune homme sensible au cœur pur, le chevalier Danceny est le professeur de musique de Cécile. Celle-ci écrit qu'il a « une douceur charmante » et est « extrêmement aimable » (lettre VII, p. 62). Il tombe très vite amoureux de sa jeune élève et lui fait une cour respectueuse et patiente dont la lenteur exaspère Mme de Merteuil.

Il est sincère et honnête : « Je ne sais point dissimuler », écrit-il (lettre XCII, p. 289), et se laisse facilement aller à des élans lyriques qui le submergent. On le voit ainsi souvent en proie aux doutes et à l'angoisse, accablé à l'idée que Cécile ne partage pas son amour ou cesse de l'aimer. Son émotivité et sa naïveté en font une victime idéale pour les deux libertins qui vont profiter de son « aveugle confiance » (lettre CLXII, p. 483) pour le manipuler. Croyant avoir des amis sincères, il met son sort entre les mains d'ennemis qui œuvrent à sa perte. Cette situation est formulée ironiquement par Valmont qui, devenu l'amant de Cécile, dicte à la jeune femme ces mots destinés à Danceny : « Oh ! vous avez là un bien bon ami, je vous assure ! [M. de Valmont] fait tout comme vous feriez vous-même. » (lettre CXVII, p. 375)

Malgré ses sentiments pour Cécile, Danceny est victime du charme de la marquise de Merteuil qui a jeté son dévolu sur lui. Mais il regrette vite cet écart, s'étant « engagé dans [cette] aventure pour ainsi dire sans [s']en être aperçu » (lettre CLVII, p. 476) et revient à Cécile : « Ah, c'est bien elle seule que j'aime, que j'aimerai toujours ! » (*ibid.*), écrit-il à Valmont.

Son personnage révèle une force de caractère insoupçonnée à la fin du roman, lorsqu'il apprend qu'il a été trompé par Valmont et Mme de Merteuil : il provoque le premier en duel et le tue, puis organise la déchéance de la marquise en dévoilant ses crimes.

CLÉS DE LECTURE

UN ROMAN ÉPISTOLAIRE

Choderlos de Laclos, dans *Les Liaisons dangereuses*, adopte le genre épistolaire très prisé au XVIIIe siècle. Après les *Lettres persanes* de Montesquieu (philosophe français, 1689-1755) en 1721 ou encore *Julie ou la Nouvelle Héloïse* de Rousseau (écrivain et philosophe de langue française, 1712-1778), l'ouvrage de Laclos, considéré comme l'un des modèles du genre, en présente les caractéristiques et en exploite les différents ressorts :

- le roman croise les points de vue de différents narrateurs s'exprimant en « je » et s'adressant à un « vous ». Chaque personnage parle en son nom au sein de ses propres lettres, toutes adressées à un correspondant déterminé. Le lecteur, qui s'identifie naturellement à celui qui parle, est ainsi plongé, à tour de rôle, dans l'esprit de chacun des protagonistes. Par ailleurs, l'hypocrisie et la tromperie étant au cœur de l'intrigue, le lecteur a accès tour à tour au discours du menteur et à celui de sa proie crédule, ce qui le place au-dessus du récit et lui donne les clés de l'intrigue, dont ne disposent pas tous les personnages ;
- afin d'augmenter l'effet de réel déjà produit par l'identification du lecteur aux personnages, Laclos présente son ouvrage comme un recueil de lettres authentiques qu'un rédacteur aurait publiées après qu'on les a retrouvées chez Mme de Rosemonde (qui en devient la dépositaire à la fin du roman).Le lecteur, bien qu'il sache qu'il s'agit d'un artifice, n'en est pas moins pris par l'histoire de manière

plus intense ;

- dans *Les Liaisons dangereuses*, la lettre n'est pas un simple moyen de communication : elle prend véritablement part à l'action. On voit les personnages les échanger, les cacher, se les faire lire, les divulguer, etc. Les lettres constituent des armes cruelles pour ceux qui en disposent et sont au cœur du dénouement de l'intrigue. Mme de Merteuil, qui se fixe comme règle de « ne jamais écrire » (lettre LXXXI, p. 252) à ses amants pour ne laisser aucune « preuve » de ses liaisons, n'écrit de lettres sincères qu'à Valmont, car des « intérêts [communs les] unissent » (lettre LXXXI, p. 253) : chacun peut perdre l'autre de façon égale. Cependant, à la fin du roman, ce sont bien les lettres qu'elle a écrites au vicomte qui vont causer sa perte une fois rendues publiques. De la même façon, c'est après avoir lu les lettres du vicomte que Danceny provoque ce dernier en duel et le tue.

UN ROMAN LIBERTIN

La littérature libertine aux XVIIᵉ et XVIIIᵉ siècles

Les XVIIᵉ et XVIIIᵉ siècles en France sont fortement marqués par la littérature libertine : Jean de La Fontaine (1621-1695), Crébillon (1707-1777), Diderot (1713-1784), le marquis de Sade (1740-1814), ou encore Mirabeau (1749-1791) comptent parmi les écrivains libertins de cette époque. Ce genre est fortement réprimé et vaut à de nombreux auteurs l'emprisonnement ou la peine de mort. Le marquis de Sade en est l'exemple le plus connu : il passe 13 ans de sa vie en prison.

Les romans libertins sont caractérisés par :

- des intrigues à caractère érotique ou pornographique ;
- l'affirmation d'une libre-pensée associée à une liberté de mœurs (anticléricalisme, affranchissement des codes sociaux, subversion, érudition, etc.) ;
- des personnages scélérats qui, formant souvent un groupe social à part entière, s'attaquent (par la force ou la séduction) à des victimes vertueuses, dans le but de les initier à leurs pratiques ou de profiter d'elles.

La sexualité dans *Les Liaisons dangereuses* : séduction, érotisme et initiation

La sexualité est au cœur du roman de Laclos. Mme de Merteuil et Valmont cherchent à pervertir Cécile et Danceny, mais aussi à satisfaire leurs propres désirs charnels. Aussi la sexualité est-elle l'objet et l'enjeu du pacte contracté par les deux libertins : Valmont se fixe pour but de séduire Mme de Tourvel, gagnant ainsi le droit d'obtenir les faveurs de la marquise de Merteuil. Il s'adonne au plaisir avec Cécile, mais aussi avec d'autres femmes de sa connaissance, dont Émilie qui, après leurs ébats, lui prête son dos comme support pour écrire une lettre à la présidente.

De son côté, la marquise, pendant les six mois que dure le récit, soumet différents personnages à ses désirs : un chevalier avec qui elle entretient une liaison durant presque tout le temps du roman, mais aussi Prévan et Danceny.

Les deux libertins accordent une grande importance à l'art de la séduction, qu'ils évoquent selon une métaphore guerrière comme un « combat » à de très nombreuses reprises dans le roman : pour eux, le vainqueur est le séducteur, tandis que le vaincu est celui qui succombe à son charme. Ainsi Valmont insiste-t-il, à propos de Mme de Tourvel, sur la nécessité « qu'elle se rende, mais qu'elle combatte » (lettre XXIII, p. 99), car il ne savourerait pas une victoire facile sur sa proie.

Le thème de l'initiation, véritable *topos* du roman libertin, est lui aussi exploité dans *Les Liaisons dangereuses*. Il s'agit de la formation dispensée par un libertin à un autre : le premier initie le second au mode de vie libertin et bien sûr aux pratiques sexuelles qui lui sont associées.

La jeune et belle Cécile fait ici figure de personnage à initier. Mme de Merteuil tient à ce que Valmont « form[e] cette petite fille » (lettre II, p. 49) et se charge de son « éducation » (lettre CX, p. 352) avant son mariage avec Gercourt. De son côté, elle se charge de préparer sa « pupille » (lettre LXX, p. 206) à accepter cette initiation en lui confiant des lectures interdites par Mme de Volanges et en lui dispensant des conseils intéressés. Elle songe même à un moment faire de Cécile sa maitresse en se chargeant de son éducation, mais y renonce devant l'opportunité offerte conjointement par Valmont et Danceny : « Je raffole de cette enfant [...] je suis tentée d'en faire mon élève », écrit-elle au vicomte (lettre XX, p. 88). C'est finalement Valmont qui va se charger d'initier Cécile aux plaisirs de la chair.

Subversion et moralité

Dès sa parution, le roman de Laclos choque et fait scandale.

Il se voit même soumis à une censure qui durera jusqu'au XIXe siècle. *Les Liaisons dangereuses* se vendent et se lisent donc sous le manteau. S'il adopte bien le genre du roman libertin, Laclos semble donner une dimension morale à son ouvrage.

- Ainsi, dans la préface du rédacteur fictif, l'utilité du roman est décrite en ces termes : « C'est rendre un service aux mœurs, que de dévoiler les moyens qu'emploient ceux qui en ont de mauvaises pour corrompre ceux qui en ont de bonnes. » (p. 42)
- Par ailleurs, l'issue du roman condamne les libertins et leurs pratiques. Ces derniers se voient sévèrement punis de leurs crimes : Valmont trouve la mort et Mme de Merteuil, qui a perdu son charme, son argent et sa réputation, semble subir la punition divine. Tous deux laissent derrière eux un champ de ruines : leurs victimes ne se remettront pas des méfaits qu'ils ont subis. Ainsi, Mme de Tourvel, accablée de honte, succombe de tristesse, tandis que Cécile se condamne à prendre les ordres et que Danceny s'exile à Malte. Par ailleurs, on peut classer les personnages dans deux catégories : les bons et les mauvais. Cécile, Danceny et Mme de Tourvel, qui représentent l'amour sincère, sont à ranger du côté du bien et de la vertu, tandis que les deux libertins sont incontestablement immoraux.

Toutefois, de nombreux éléments du roman résistent à cette apparente moralité et contreviennent à la bienséance exigée par la censure :

- quelles que soient les bonnes intentions affichées dans la préface, il n'en reste pas moins que l'histoire livre au lecteur une peinture précise de pratiques contraires à la moralité de l'époque. L'atmosphère charnelle, les pratiques sexuelles de Valmont et la liberté de la marquise de Merteuil – une femme – sont autant d'éléments qui l'attestent. D'aucuns ont donc jugé que ce traité du libertinage ne devait pas se retrouver entre toutes les mains ;
- Laclos met en scène des personnages impies qui défient les lois de la religion. L'institution du mariage est écornée par le roman qui fait le récit d'amours adultères et présente l'exemple d'une femme très religieuse et mariée succombant à la passion. Par ailleurs, Mme de Tourvel est moquée pour sa dévotion par les deux libertins, qui la surnomment la « dévote » dans leurs échanges épistolaires (« mon austère dévote », lettre XCIX, p. 308) ;
- le lecteur est placé dans une position ambigüe qui le rend complice des libertins. En effet, Valmont et la marquise de Merteuil sont intelligents, et leur cynisme est contagieux : leurs traits d'esprit et leur éloquence, qui séduisent le lecteur, tranchent avec la naïveté excessive et enfantine de Cécile et Danceny, dont la faiblesse d'esprit a moins d'attraits.

DES LIBERTINS AMOUREUX

Plus que l'histoire d'amour entre Mme de Tourvel et le vicomte de Valmont, on peut considérer que *Les Liaisons dangereuses* met en scène celle de la marquise et du vicomte. Le lecteur assiste à la fin d'un amour entre deux libertins.

D'anciens amants dont l'amour perdure

Mme de Merteuil et Valmont sont d'anciens amants, deve-
nus des alliés. Ils s'accordent une confiance exclusive et
se témoignent un respect d'initiés très fort : « Il n'y a que
vous et moi dans ce monde qui valions quelque chose »,
écrit Valmont à la marquise (lettre C, p. 320). De son côté,
Mme de Merteuil confie à ce dernier des informations sur
elle-même qu'elle s'efforce de dissimuler aux autres depuis
son plus jeune âge.

Ils se témoignent leur affection par des surnoms tels que
« ma très belle amie » (lettre IV, p. 54) ou « mon cher vicomte » (lettre II, p. 48), et sont dans un jeu de séduction per-
manent, évoquant souvent le temps où ils étaient amants :
« Dans le temps où nous nous aimions, car je crois que
c'était de l'amour, j'étais heureuse » (lettre CXXXI, p. 416),
écrit Mme de Merteuil au vicomte. La marquise va jusqu'à
doubler l'enjeu sexuel de la conquête de Mme de Tourvel,
se proposant comme récompense du succès du vicomte :
« Aussitôt que vous aurez eu votre belle Dévote, que vous
pourrez m'en fournir une preuve, venez, et je suis à vous »,
écrit-elle à Valmont (lettre XX, p. 88).

La jalousie de Mme de Merteuil

La marquise de Merteuil perçoit très vite Mme de Tourvel
comme une menace et accuse Valmont d'en être amoureux.
Jalouse et orgueilleuse, elle va exprimer un mépris croissant
à l'égard de son ancien amant, qui semble de plus en plus
attaché à la présidente.

Leur relation se dégrade jusqu'à la déclaration de guerre formelle de la marquise (« Eh bien ! La guerre », lettre CLIII, p. 469) qui rend inévitable la chute des deux personnages : détenant chacun des preuves accablantes contre l'autre, ils ne peuvent que se détruire. Mme de Merteuil, ne supportant pas d'être remplacée dans le cœur de Valmont par une autre femme, qui plus est vertueuse, met en péril la réputation qu'elle a pourtant passé sa vie à protéger. La rupture des deux amants est définitive et violente, se soldant par la mort de Valmont et la déchéance de la marquise.

PISTES DE RÉFLEXION

QUELQUES QUESTIONS POUR APPROFONDIR SA RÉFLEXION...

- Au vu du pacte initial conclu entre Valmont et la marquise de Merteuil, quel schéma actanciel pouvez-vous proposer pour ce roman ?
- En quoi la marquise de Merteuil est-elle un personnage précurseur de l'émancipation féminine ?
- À propos des *Liaisons dangereuses*, Baudelaire a déclaré : « Ce livre, s'il brûle, ne peut brûler qu'à la manière de la glace. » (« Notes sur *Les Liaisons dangereuses* », in *Œuvres complètes*, tome II, Gallimard, coll. « Pléiade », Paris, 1976) Que vous inspire cette citation ?
- Pourquoi la fausse conversion religieuse de Valmont constitue-t-elle une ruse particulièrement cynique de la part du libertin ?
- En quoi la lettre XLVIII, adressée par Valmont à la présidente de Tourvel, reflète-t-elle à la fois la subtilité d'esprit et la sournoiserie du vicomte ?
- En quoi peut-on dire que c'est l'orgueil qui a causé la perte de la marquise et du vicomte ?
- Comparez Valmont au personnage de dom Juan de Molière (dramaturge français, 1622-1673). Quels traits rapprochent ces deux êtres ? Qu'est-ce qui les distingue ?
- Avant de publier son roman, Laclos a déclaré : « Je résolus de faire un ouvrage qui sortît de la route ordinaire, qui fît du bruit, et qui retentît encore sur la terre quand j'y aurais passé. » (DE TILLY A., *Mémoires*, Paris, Les marchands de nouveautés, 1828, p. 320) Pensez-vous qu'il ait atteint

l'objectif qu'il s'était fixé ? Expliquez.

- Qualifiez le style d'écriture adopté par chacun des personnages principaux. Est-il semblable ou différent ? Quel effet ce procédé produit-il sur le lecteur ?
- *Les Liaisons dangereuses* ont fait l'objet de nombreuses adaptations cinématographiques. Selon vous, quelles difficultés présente la transposition en film d'un tel roman ?

Votre avis nous intéresse !
Laissez un commentaire sur le site de votre librairie en ligne
et partagez vos coups de cœur sur les réseaux sociaux !

POUR ALLER PLUS LOIN

ÉDITION DE RÉFÉRENCE

- CHODERLOS DE LACLOS P., *Les Liaisons dangereuses*, Paris, Le Livre de poche, 2002.

ÉTUDES DE RÉFÉRENCE

- BAUDELAIRE C., « Notes sur *Les Liaisons dangereuses* », in *Œuvres complètes*, tome II, Gallimard, coll. « Pléiade », Paris, 1976.
- DE TILLY A., *Mémoires du comte Alexandre de Tilly, pour servir à l'histoire de mœurs de la fin du XVIIIe siècle*, Paris, Les marchands de nouveautés, 1828.

ADAPTATIONS

- *Les Liaisons dangereuses 1960*, film de Roger Vadim, avec Jeanne Moreau, France, 1959.
- *Les Liaisons dangereuses*, film de Stephen Frears, avec Glenn Close, John Malkovich, Michelle Pfeiffer et Uma Thurman, États-Unis, 1988.
- *Sexe Intentions*, film de Roger Kumble, avec Sarah Michelle Gellar, Ryan Philippe et Reese Witherspoon, États-Unis, 1999.

SUR LEPETITLITTÉRAIRE.FR

- Commentaire de la lettre LXXXI des *Liaisons dangereuses*.
- Questionnaire de lecture sur *Les Liaisons dangereuses*.

Retrouvez notre offre complète sur lePetitLittéraire.fr

- des fiches de lectures
- des commentaires littéraires
- des questionnaires de lecture
- des résumés

ANOUILH
- Antigone

AUSTEN
- Orgueil et Préjugés

BALZAC
- Eugénie Grandet
- Le Père Goriot
- Illusions perdues

BARJAVEL
- La Nuit des temps

BEAUMARCHAIS
- Le Mariage de Figaro

BECKETT
- En attendant Godot

BRETON
- Nadja

CAMUS
- La Peste
- Les Justes
- L'Étranger

CARRÈRE
- Limonov

CÉLINE
- Voyage au bout de la nuit

CERVANTÈS
- Don Quichotte de la Manche

CHATEAUBRIAND
- Mémoires d'outre-tombe

CHODERLOS DE LACLOS
- Les Liaisons dangereuses

CHRÉTIEN DE TROYES
- Yvain ou le Chevalier au lion

CHRISTIE
- Dix Petits Nègres

CLAUDEL
- La Petite Fille de Monsieur Linh
- Le Rapport de Brodeck

COELHO
- L'Alchimiste

CONAN DOYLE
- Le Chien des Baskerville

DAI SIJIE
- Balzac et la Petite Tailleuse chinoise

DE GAULLE
- Mémoires de guerre III. Le Salut. 1944-1946

DE VIGAN
- No et moi

DICKER
- La Vérité sur l'affaire Harry Quebert

DIDEROT
- Supplément au Voyage de Bougainville

DUMAS
- Les Trois Mousquetaires

ÉNARD
- Parlez-leur de batailles, de rois et d'éléphants

FERRARI
- Le Sermon sur la chute de Rome

FLAUBERT
- Madame Bovary

FRANK
- Journal d'Anne Frank

FRED VARGAS
- Pars vite et reviens tard

GARY
- La Vie devant soi

GAUDÉ
- La Mort du roi Tsongor
- Le Soleil des Scorta

GAUTIER
- La Morte amoureuse
- Le Capitaine Fracasse

GAVALDA
- 35 kilos d'espoir

GIDE
- Les Faux-Monnayeurs

GIONO
- Le Grand Troupeau
- Le Hussard sur le toit

GIRAUDOUX
- La guerre de Troie n'aura pas lieu

GOLDING
- Sa Majesté des Mouches

GRIMBERT
- Un secret

HEMINGWAY
- Le Vieil Homme et la Mer

HESSEL
- Indignez-vous !

HOMÈRE
- L'Odyssée

HUGO
- Le Dernier Jour d'un condamné
- Les Misérables
- Notre-Dame de Paris

HUXLEY
- Le Meilleur des mondes

IONESCO
- Rhinocéros
- La Cantatrice chauve

JARY
- Ubu roi

JENNI
- L'Art français de la guerre

JOFFO
- Un sac de billes

KAFKA
- La Métamorphose

KEROUAC
- Sur la route

KESSEL
- Le Lion

LARSSON
- Millenium 1. Les hommes qui n'aimaient pas les femmes

LE CLÉZIO
- Mondo

LEVI
- Si c'est un homme

LEVY
- Et si c'était vrai…

MAALOUF
- Léon l'Africain

MALRAUX
- La Condition humaine

MARIVAUX
- La Double Inconstance
- Le Jeu de l'amour et du hasard

MARTINEZ
- Du domaine des murmures

MAUPASSANT
- Boule de suif
- Le Horla
- Une vie

MAURIAC
- Le Nœud de vipères

MAURIAC
- Le Sagouin

MÉRIMÉE
- Tamango
- Colomba

MERLE
- La mort est mon métier

MOLIÈRE
- Le Misanthrope
- L'Avare
- Le Bourgeois gentilhomme

MONTAIGNE
- Essais

MORPURGO
- Le Roi Arthur

MUSSET
- Lorenzaccio

MUSSO
- Que serais-je sans toi ?

NOTHOMB
- Stupeur et Tremblements

ORWELL
- La Ferme des animaux
- 1984

PAGNOL
- La Gloire de mon père

PANCOL
- Les Yeux jaunes des crocodiles

PASCAL
- Pensées

PENNAC
- Au bonheur des ogres

POE
- La Chute de la maison Usher

PROUST
- Du côté de chez Swann

QUENEAU
- Zazie dans le métro

QUIGNARD
- Tous les matins du monde

RABELAIS
- Gargantua

RACINE
- Andromaque
- Britannicus
- Phèdre

ROUSSEAU
- Confessions

ROSTAND
- Cyrano de Bergerac

ROWLING
- Harry Potter à l'école des sorciers

SAINT-EXUPÉRY
- Le Petit Prince
- Vol de nuit

SARTRE
- Huis clos
- La Nausée
- Les Mouches

SCHLINK
- Le Liseur

SCHMITT
- La Part de l'autre
- Oscar et la
  Dame rose

SEPULVEDA
- Le Vieux qui
  lisait des romans
  d'amour

SHAKESPEARE
- Roméo et Juliette

SIMENON
- Le Chien jaune

STEEMAN
- L'Assassin
  habite au 21

STEINBECK
- Des souris et
  des hommes

STENDHAL
- Le Rouge et
  le Noir

STEVENSON
- L'Île au trésor

SÜSKIND
- Le Parfum

TOLSTOÏ
- Anna Karénine

TOURNIER
- Vendredi ou
  la Vie sauvage

TOUSSAINT
- Fuir

UHLMAN
- L'Ami retrouvé

VERNE
- Le Tour
  du monde
  en 80 jours
- Vingt mille
  lieues sous
  les mers
- Voyage au
  centre de
  la terre

VIAN
- L'Écume des jours

VOLTAIRE
- Candide

WELLS
- La Guerre des
  mondes

YOURCENAR
- Mémoires
  d'Hadrien

ZOLA
- Au bonheur
  des dames
- L'Assommoir
- Germinal

ZWEIG
- Le Joueur
  d'échecs

www.lepetitlitteraire.fr

ISBN version numérique : 978-2-8062-9075-5
ISBN version papier : 978-2-8062-9076-2
Dépôt légal : D/2017/12603/553

Avec la collaboration de Margot Pépin pour les études des personnages « La marquise de Merteuil » (« La lettre LXXXI » et « Un personnage central »), « Cécile de Volanges », « Le Vicomte de Valmont » et « Danceny », ainsi que pour les clés de lecture « Un roman libertin » et « Des libertins amoureux ».

Conception numérique : Primento,
le partenaire numérique des éditeurs.

Ce titre a été réalisé avec le soutien de la Fédération Wallonie-Bruxelles, Service général des Lettres et du Livre.

Made in the USA
Monee, IL
07 July 2026

56545971R00020